JN438353

콩 *Pea*

콩 *Pea*

| 이 독 밀 시선집 |

도서출판 천우

● Prologue

내가 사모하는 정기영 경사님께
이 글을 바칩니다
나는 그분을 〈냉장고님〉이라고 부릅니다
그분은 날이면 날마다 밤이면 밤마다
내가 그의 마음을 깨달은 그 순간부터 그리고
오늘 이 시간에도 나와 함께 계십니다
나는 그분의 〈계심〉으로 하여 홀로 있는 시간의
무서운 고독으로부터 보호받고 있습니다
그분은 나의 시에 마침표를 찍어주시고
시상을 끌어내 주셨습니다
그렇게 십 년이 지났습니다
이 시집은 내 인생의 서사시이며
자서전이 됩니다
내가 가야 할 길을 인도해주신 다정하신 경찰 아저씨들께도 감사드립니다
소설처럼 재미있게 읽으시면 되겠습니다
독자 여러분 고맙습니다

2017.4. 28.

- Prologue

제 1 부

콩(Pea)

제2부

남아 있는 날들

제1부

콩(Pea)

끝없이 흐르는 강

황토를 품에 안고
흐르는 황하를 보셨나요?

무서운 악어가
꼬리 친다는
아마존의 푸른 강을 보셨나요?

당신의 강물을 얘기해 주세요

당신의 강에는
밤이면 밤마다
부엉새 찾아와 울었고

달무리 지는 밤에는
갈대밭 속에
원앙이도 숨어 산다는,

당신 인생의
도화선이 된
인연의 강을
얘기해 주세요

북두칠성(Ursa major)

나는 여덟 살
그대는 여섯 살
우리는 꼬마 신랑 각시
어느 하늘에 별 떨기로 태어났나
우리는 해를 달리해 태어난 쌍둥이
나는 듀베(dubhe)
그대는 알카이드(alkaid)
우리는 은하 찬란한 별무리 속에서
둘이 어울려 놀았지
아무도 모르는 우리의 징검다리
메라크(merak), 펙다(phecda), 메그레즈(megrez),
알리오드(alioth), 미자르(mizar)
우리는 칠성님이 짝지어주신
우리는 꼬마 신랑 각시
은하 찬란한 별무리 속에서
한 쌍의 꼬리별로 바다로 간다
우리
다정한 소망을 품고
둘이서 손잡으면
그대와 나는 영원한 친구
우리는 꼬마 신랑 각시
우리의 인연(因緣)을 노래 부른다

인연(Karma)

그대는 난초와 같이 고결하고
섬세하며, 그대는 사막의 선인장처럼 또한
뜨거운 열정의 화관을 쓰고 있구나.

몸에는 만 가지 향취가
그대 머리 위로 오색 후광을 만들었으니
때로는 잠깐 빛남도 저 하늘의
샛별 같아라.

나만의 그대,

그대와 나의 연분의 정도
한 개 떨어질 꽃닢으로 여겨질지라도
그대 향한 사모의 마음일랑
지옥의 불화로보다 더 뜨겁게
타올라,

그대와 내가
이별해야 한다면

차라리 내 몸을 불길에 사르고
그대의 오묘한 오색 후광 속에서

더욱 빛나는
찬란한 금관으로
되어지고 싶구나.

사랑의 친구

너는 우울한 광대
비밀한 옷을 겹겹이 입었구나
사금을 찾아 강물을 휘적이는
젊은 스리랑카인처럼
무더운 한여름
프리즘에 반사된 황금빛 메아리로
네 부끄러운 알몸을 감추었구나

사월에 피어난 장미꽃 봉오리보다도
더욱 애타게 사랑옵다
너의 진실을 헤아리기에 나의 지혜는
손가락 사이로 떨어지는 금모래알 같아서
나의 소망이 너의 우수(gloom)와 만나
나와 함께 행복의 꽃밭으로
어우러져 가자꾸나

콩(Pea)

콩깍지를 터뜨리며 콩알을 셈한다

어떤 콩깍지는 너무 연약해
건드는 순간 아파한다

덜 여문 것은 기웃거리는
비둘기에게 준다
하늘까지 이르는 콩나무가 되려면
콩알이 단단하게 익을 때까지
기다려야 한다

해오라기(A white heron)

가녀린 두 다리에
희고 긴 모가지의 해오라기 한 마리
파도가 밀리어 왔다 간
백사장을
사뿐히 사뿐히 걷는다
발레리나처럼

해변에 빈 조가비는
모래밭을 뒹구는 불가사리의 집이란다
지구가
태양의 둘레를 돌고돌아 영생하는데
사람들은 왜 하늘을 비껴가는
별똥별을 바라보며
불가사리와 닮았다고 노래할까

석양에 지는 해를 배경 삼아
해오라기
하늘의 별보다 불가사리가 더
좋은 벗 아닐까? … !

나의 이력서(My footprint)

까치발로 담벽을
기어오르는 담쟁이덩쿨처럼
파릇했던 젊은 날의
내 발자욱

하얀 눈밭 위에
마구 찍어놓은
방황하는 금수같은
내 발자욱

이정표 없는
망망한 바다
거친 파도에 흔들리우는
쪽배 같은 내 발자욱

남모르게 숨겨왔던
정염에 타오르는
해와 달의 수수께끼같은
내 발자욱

내 발자욱
지워지고

다시 찍은 필름 속에
그대 향해 가고 있는
내 발자욱

내 발자욱

빨간 선인장

그대는
알을 품은 적이 없는
수탉처럼,
아름다운 장끼처럼,
아니, 공작새처럼…
세월이 지나간
혈흔이 없는
그대는
그대는 사막의 황제.

나는
나는 그대 계신 곳에
남몰래 숨어 웃는
작은 오아시스,
길 잃은 낭인에게
희망을 주는
사막의 꽃.

그대 속에
내가 없다면
그대는
누우런 모래연기 속에

뒹구는
한 구의 외로운 인골.

사랑하는 이여,
날 찾아와 맑은 영혼의
목을 축이고

그대 영광 끝닿을 곳까지
쉬임 없이 걷고 있는,
그대는

그대는 나의
빨간 선인장.

BRINKS

그대는 절망의 늪에서부터
솟아오르는 용감한
페가수스

희고 고운 갈기의
암말을 타고
아름다운 배짱 휘날리며
어둠에서 태어나
새벽을 박차고
달린다

부드런 봄비에
분분히 일어서는
꽃잎처럼

감성은
폭발하는 4월의 개화
전율하는 장미와 같고

샛노란 단말마
Brinks

기차를 타고

영원히 정착하지 못하는
두 개의 레일 위를
기차를 타고 간다

비 내리는 날
눈 오는 밤에도 잠들지 않고
깜깜한 적요 속으로
뻥 뚫린 터널 속으로
기차를 타고 간다

그대가 나를 부르나
나는 그대를 모르리
이 끝나지 않는 여로에 지쳐서

기차는— 비명을 울리면서
막막한 시간 속으로
사라지는
기억의 추이

간이역(선평)

다이너마이트로 산을 깎아
채석장을 만들고
돌을 깨어 품을 팔다.

여름 한낮이면
하얀 태양 아래
먼지처럼 아득하던
돌 깨는 사람들.

객차는 드문드문
꽃수레처럼
왔다가

빨갛게 달군 돌무덤을
파헤쳐
열차에 싣고

기적 소리도 머얼리
다시는 아니 오실 양
깜깜한 턴넬 속으로
사라진다.

바보(A fool)

우리 동네 언덕길 올라
언덕길 너머
이십여 분 거리를 걸어왔네
하늘에 초가을 해는 빙글거리며
뚝심을 품고 걸어온 그 길가에 서서
훗날을 기원하지 않겠노라
맹세하며 걷고 있는
나를 비웃네

점(占)

나는 아직도 방황하네
그대가 없는 지상에서
공활한 창공에
다시 또 밤이 찾아오면
유진상가 고가도로는 별빛보다
찬란한 자동차들의 라이츠(lights)

별들은 달과 함께
창공에 반짝이고
불안한 마음 안고
나는 걷고 있네
주머니 속에 성경책과 묵주를 넣고
가로변엔 즐비한 점치는 집들

그대는 알카이드(alkaid)
나는 듀베(dubhe)
은하강물 흐르는 별들의 낙원
엘리시온(ellison)*을 찾아 헤매이네
나는 헤매이네
너를 생각하며

아무도 모르게 깜깜한 나의 방에서

무념무상 그리고 무애(無㝵)를 기도했네
성소는 거기도 아니었네
그대가 내 맘속에 영원히 피고 지듯
내 맘속에 있네
그대는 알카이드(alkaid)
나는 듀베(dubhe)

* 엘리시온(ellison) : 영원한 복락의 땅.

노란 슬픔(The yellow sick)

눈이 오면 산란한 눈발 사이로
비 내리면 차디찬 우수 속으로
나는 슬픔에 취하네

밤 되면 별을 헤이고
새벽이 오면 창문을 열고 샛별에
눈 맞추는 나는 평범한 사람

봄비는 나리어 나목을 적시니
꽃 피는 언덕을 지나
새파란 하늘 아래 방랑도 꿈꾼다

끝없는 그 하늘 아래
소리 없이 미소 짓는 내 님을 갈망하는
나는, 무간지옥 속 탄탈로스(Tantalos)*

외로운 갈매기
짝 잃은 비익조*처럼 날개 없는 시인
나는 평범한 사람

나는 그대를 바라네
평범한 사람 되어
오늘도 어제도, 나는 절망한 시인.

* 탄탈로스(Tantalos) : 신들을 우롱하여 영원한 기갈의 고통에 시달리는 벌을 받음(희랍 신화).
* 비익조 : 반쪽 날개를 가진 새. 둘이 있어야 하늘을 날 수 있는 새. 부부 사이의 금슬을 뜻함.

상심(My heartbreak)

방파제를 때리고
쫓기어가는 조수처럼
물거품으로 사라지리라
밤바다에 나가
백사장을 쓰다듬는 파도처럼
스러졌다
가버렸다
잊혀지리라
창백한 둥근달은
친구가 없다

부치지 않은 편지

나 그대를 바라보매
그대는 나의 오로지 소망이었고
그대가 나를 기다리기에
나는 그대에게 진실한 희망이었네
새빨간 장미는 오히려 자만한 기생 같고
온실의 백합은 순결함에
오만한 빛이 있어

그대는 내 보랏빛 연정을
어루만져 주었지
그대를 기다리는 나와
나를 바라보는 그대의 순정은 우리의
눈물처럼 맑고 깨끗해
내 오롯한 기다림과 진리의 벗인 양
나는 늘 그대가 고마웠다네

꽃밭의 나라

그대 계신 곳은 꽃밭의 나라
내밀한 사랑이 피는 곳
별 쏟아지는 여름 강변에
무리지어 아스라한 연모의 나라

미움도 절망도 불신도
꽃닢처럼 떨어져
이제는 달빛 바라 웃음 웃는
애정이 피는 곳

가난한 내 육신 바램의 기도
순결하고 어진 마음으로 가꾼
그대 계신 곳은 꽃밭의 나라
그대와 나의 환희의 나라

티소너스(Tithonus)*

저기 그림 속의 홍안의 소녀처럼
나도 꽃송이였던 때가 있었다오
세월이 흐르면서 꽃닢은 시들고
벌 나비도 곁눈질로 날아가는 나는
비운의 공주

서풍을 비단처럼 휘감고
온갖 꽃들이 만개한 벌판으로
맨발로 뛰어다니며
왕관을 만드는
너는 티소너스,

너그럽고 수덕한 너의 이마 위에
지혜와 덕행이 황혼에 빛나리라
죽음보다 더 강인한
너는 내 연인
티소너스

너는 내 연인
티소너스

* 티소너스(Tithonus) : 새벽의 여신 에오스가 사랑한 미남. 죽지 않는 행운을 얻었으나 영원한 젊음을 같이 달라는 말을 잊었다.

나는 햇살의 동무였다

나의 내일은 실개천을 따라
큰 강을 지나 대양으로 흐른다

시냇가에 한 그루 버들개지
연두빛 물오르고
차가운 햇살에 얼굴 부비고
빨갛게 상기되어, 부지런히
달려가는
나는 햇살의 동무였다

실개천은 땅속 깊숙이 숨어
바다를 연모하며
초조히 기다리던 성급한 강물이 되어
마침내 너의 성(castle)에 닿았다
나는 너를 불렀다
나는 햇살의 동무였다

내가 은빛 비늘을 반짝이며
내일을 꿈꿀 때
너는 잠자코 나를 기다려 준
다정한 태양이었다

말없이 내일은 내 곁에 오라
만일, 내일 그대가 떠난다면
나는 거기에 없다
만일 그대가 없다면
나의 내일은 돌아올 희망 없는
차디찬 시신일 뿐이다

나는 햇살의 동무였다

강가의 소묘

물안개 자옥한 새벽 강가를
부지런한 해오라기 한 쌍이
기슭에 자취를 떨구며 날아갑니다
바람결에 울리는 저 순백한 소리는
지난밤 그대와 나눈 사랑의 노래처럼
안개 속에 아련히 그림자 됩니다.

나의 사랑은

나의 사랑은
밤하늘 가득
길을 잃어버린
수많은 별들의
발자욱처럼
방황한다네.

날이 새나 지나
한결같이 들리는
수수께끼 같은
별들의 노랫소리처럼
곡조를 모르겠네.

나의 사랑은
찾을 수 없는
공중 유성 같은
당신이라는 별,

나의 사랑은
당신만이 알고 있는
수수께끼 같은
당신의 노랫소리.

그밖에
나의 사랑은
본 적이 없네
나는 소설 속에 산다네.

술래잡기

나는 그대의 이름도 모릅니다
그대의 날 사랑하는 마음밖에 모릅니다
나는 그대를 볼 수 없는
아직 그대를 볼 수 없는
술래입니다
그대의 노랫소리는
Fa 음의 건반을 달리고 있군요

그대가 술래가 되어
나를 잡아주세요
나는 아직 아무에게도 붙잡히지 않은
Me 음
순하고 여린 마음으로
열정적인 Sonata를 달리는
많은 Me 음 중의 하나랍니다

우리가 함께 노래를 하면
아폴론의 리라조차도
우리의 노래를 시샘할 것입니다

그대가 술래가 되어
어서 나를 잡아주세요

저 달이 마저 둥근 밤에
함께 달밤을 노래해요

어서 나를 잡아주세요

그대 생각

아침 햇살에 노오란 그림자
비둘기 낮은 구름 속에서
구구거리는데

그대와 약속된 시간은
저만치 쫓기어 가고
하늘의 해도 어느덧 하얗게 변했네

그대의 그림자도
하얀 모자를 쓰고
총총걸음 내게서 떠나갔나,

아—
내 마음 상심하여
그대 마주칠 때 타인인 줄 알았네
나 미처 그대인 줄 몰랐네

그대는 어디로 갔나
서로가 엇갈리는 한낮의 전차 속에서
곰곰이 생각에 잠겨

그대는 떠나고
이 기쁜 봄날에 나 홀로
그 길을 걷고 있네

그는 누구실까

그는 누구실까
깜깜한 밤바다에
흰 돛을 달고
머리 위엔 은빛
조각달을 띄우고
내 맘의 풍랑을
잠재우시며
날마다
밤마다
날 찾아오시는
그는 누구실까…!

어느 날엔가
그는 가시려나
똑딱이는 시계 침 소리처럼
평화로운 내
심장의 고동 소리를
요동치는 물결 위에
던지시고
시침을 뚝 떼시고,
아무런 인사 말씀도 아니하고
홀홀이 떠나가시려나
그는 누구실까

나의 너

내 작은 소망은
너랑 함께 다정하게 집 짓고
비둘기처럼 살고 싶다네.

나의 또 하나의 소망 있으니
작은 모래알 되어 국가의 발전에
초석이 되고저,

내가 요구하고 원하여 할 수 있는 일
그 일이 있다네
늦은 이 시간 밤길을 달린다.

장미의 계절 오월이 오면
너와 난 피었다 지는 꽃송이보다
물오른 가지에 가싯잎새 하나로
족히 남으리.
뒤돌아보라!

너의 뒤에는 언제나
내가, 너의 흔들리는 마음에
버팀목 되어 남아 있으리니,

행여, 하늘에 먹구름 일면
너는 돌아오라 내 품으로
나 언제나 널 위해

따뜻한 계절의 모포를
준비해 두리니—
너는 돌아오라.

소나기

햇님이 들락거리는 하늘에서
오색 구슬이 쏟아졌다
구슬이 와글와글
탄성을 지르며
깨어졌다

동그라미가 부서진다
거울처럼,
뽀오얀 우연(偶然) 속에
너와 나는
거기에 서 있었다

✲동시✲

우리 아빠

아빠
병아리는 물 마시고
하늘을 보지요

나는
물 마시고
아빠를 보지요

나는
물 마시고
아빠를 보는데

아빠는
술 드시고 눈물을
흘려요

아빠는
분단된 조국의
현실이에요
아빠는
술 드시면 눈물을 흘려요

나는 물 마시고
아빠를 보는데

아빠는 술 드시면
눈물을 흘리고

눈물이 아직
마르지 않은 조국에
아빠는 가시고
내가 울어요

아빠
병아리는
물 마시고 하늘을 보는데

어쩌면
나도 물 마시고
하늘을 보아요

나의 변명

나는 누구인가?
Korean.
나는 Korean, Roma에 살고 있는
Korean, Roman,
애국애족의 마음은 초등학교 시절에 배웠노라.
국민교육헌장 초본부터 말미까지 아직도 기억하노라.
그런데도 마음이 어질지 못함은 왜인가!
'어떤, 얼마나, 어떻게'
사람들은 애국애족을 하고 있다.
이 은혜로운 심장을 가진 참 사람들을 만나고 싶다.
그래서
갈대처럼 흔들리는 나의 어리석은 애국애족의 붓대에
날카로운 칼금을 긋고 혈서를 쓰고도 내 마음 여전히
흔들리는 건 내가 아직 성숙하지 못한 때문인가?
나는 누구인가!
옳은 일 하기가 왠지 부끄러운 것은
내 마음의 티끌 때문인가,
내 나라 사람들과 어울려 지어 놓은 풍토 때문인가.
Roma에서는 Roman처럼 행동하라고 했다.
나는 Korean.
Ugly korean.
그러나

나의 돌아가신 아버지는
아버지는 나를 Ugly korean으로 키우지 않으셨다.
나는 조국에 뿌리박은
흔들리는 갈대! 그러나
꿋꿋한 소나무가 되고 싶었다

DMZ에서

하늘도
탄환의 연기를 닮아
전쟁이 남긴 스모그가 뿌우연
그곳에는
봄날의 꿈틀거리는 생명이
사화산처럼 정지되어
그렇게 차디찼다

나무의 정령은
반목하고 증오하는
형제의 총부리 앞에 정기를
잃고
보랏빛 라일락 나무는
향기 없는
서름한 움직임만
DMZ를 휘돌아 부는
봄바람에 날렸다

아버지의 아버지는
이미 그곳에 묻히시고
아버지는
해맑은 청년으로

남하하여
육십여 년, 북녘 하늘만
바라다
돌아가시고
오늘
역사의 능선을 따라
나 이곳에 왔다

눈앞에 펄럭이는
인공기를 보며
내 가슴에 각인된
태극기에 대한 맹서는
두 개의 이념을
화해시키지 못했다

무덤 속같이
고요한 이곳
자유의 마을에
장전된 총알의 긴장을
느끼며
두 시간짜리 짧은
영화 속에서

깨어났다

어쩌면
영원히—
통일을 의심하며
답답한 가슴을
어찌할 줄 몰라 초조히
빈 하늘만
바라본다

조국

내가 어리석어
아무리 불평해도
한마디 냉정한 말씀도
아니하시는 나의 참된 아버지

나를 낳으신 생부는
내 어리석고 유치한 반란을
차디찬 눈초리로 매질하셨지

나의 참된 아버지
조국은 내가 마음이 어려
아무리 못된 장난과 꾀로
문밖에 소문이 자자해도
잠자코 내게
기다림을 주신 아버지

이제 철이 들어
아버지 조국이라고 한마디
호칭만으로도 가슴에 뜨겁게
눈물이 맺히고
소문의 끝도 아득히 먼 세월에
나 자라,

아버지 뜻대로
살고 싶습니다

소나무

우러러보라
저 높은 산 정상에
비바람 찬 눈보라에도
꺾이지 않고
고고한 기상으로 서 있는
그를,

내 나라 깊은 산 정상에
모진 풍파 속에
휘어지고 꺾이우고
심지어는 뿌리째 없어질 위기에도

그 곧은 생명력은
바위를 뚫고
세상의 정기를
가슴 깊이 새겨
내 나라 강토를
지켜온
그를,

눈 내리는
고독한 밤

나는
흰 눈 되어 그를 맞으리
그의 시린 몸뚱이를
하얀 솜이불로
덮어주고
어느덧
겨울이 지나
봄날
아련한 연기 속에

'허리를 펴고 싶어'

저 높은 산 정상에
소나무는 어찌할 수 없는 슬픔을
느낀다

내가 그에게 다가가
말해주리
'훌륭했다 소나무여
비록 강풍에 견디지 못하고
휘어진 네 육신 위에
난 작은 싹으로,

크게 될 어린 나무로 자라나리
그대 뿌리를 딛고서
바위를 뚫고 일어선
억센 네 생명력을
나 어린 나무 되어
이어가리'

태어난 땅

설악산령에는 기막히게 큰 눈사태도
돌덩이처럼 굴러 떨어지지 아니하고
그곳에 모두 모아 폭포수 되어 오노라 가노라
계절을 되풀이하느니

안개구름 자욱하다
어디인가 동해바다 무인도 흰 물새 소리
돌아앉은 망부석조차 귓전에 소란탠다
두 손 들어 귀막이를 하는구나

외할미는 에미 잃은 손녀딸 손목 잡고
자주 등대에 와서,
찰박찰박 홀로 초록빛 고운 물에
바닷가재 따라드니

동트는 새벽부터
해 넘어가는 수평선을 보며 아이는
까닭 모를 슬픔을 느꼈구나
할미 손 잡혀 집으로 오는 길에

할머니 왜 나만 혼자 여기 있어?
으응,

니 에민 저 바다 건너
해 뜨는 나라로 갔단다
아니 해 지는 곳이랬나

아이는 그 후 하루도 빠짐없이
동해바다 검푸른 물에
용트림하며 솟아오는
해돋이를 바라며 자라더니

먼 훗날, 어느 시끄러운 아침 저자에
우뚝이 차가운 기상으로
어리둥실 떠올랐더라

이사하는 날

나의 둥지는 어디?!
저기 감나무 가지에
둥지를 틀고 사는 한 마리 새처럼
살고 싶다, 떠나고 싶다.

볼펜 한 자루와 종이
내가 의지하는 오디오
CD 몇 장
치마, 남방, 구두
쌀, 비누
어느새 이삿짐이 방 안 가득
아무리 줄여도 용달차 한 대분은
넉넉히 나온다.

나 하나는 언제나
가뿐한 작은 가방 어깨에 메고
새처럼 세상을 휘휘 돌다가
나의 방에 들면
나의 생필품들이
아득하기만 하다.

나도 새처럼

안전한 나뭇가지에
둥지를 틀듯이 살고 싶다.
한평생 살 집도 아닌데
이 년을 계약하고 들어앉은
나의 cage(새장)
이러한 방랑 생활
혼자 사는 나는 nest(둥지)가 없다.

나의 cage 속에
꽁꽁 문 걸고 숨어 있으면
내가 표류하는 바다에
날 받아줄 섬이 없다.
일 년이 멀다 하고
떠돌아온 생활에
이제 나도
종지부를 찍고 싶다는
아무도 모르는 열망이
나만의 세계를 꿈꾼다.

행여
나도 nest를 갖고 싶다는
강렬한 회귀본능은

나를 미치도록
외롭게 했다

나도 nest를 갖기 위해
사랑을 해야지—
나도 사랑을 할 테야!

내가 만든 cage에
문고리를 없앴다
들어오세요
누구라도
내 고독한 방랑 생활을
멈추게 해줄
어떤 분이신
그대여
나도 저 감나무 가지의
작은 새처럼 nest를 갖고 싶어요

나는 나의 이삿짐이
괜시리 미웠다

흘러라 내 마음의 강물이여

이독밀 작시 / 최영섭 작곡

(전주)
흐르는 내 마음의 잔잔한 강물은
청자빛 하늘색 구름을 담고
꽃향기 찾아 날아가는 범나비
그림자 담고 그림자 담고

(간주)
내 마음의 강물은 긴 목 해오라기
두리번거리는 가련한 생명을 담고

(간주)
흐르는 내 마음의 잔잔한 강물은
청자빛 하늘색 몸매 머얼리 쪽빛 바다
돛단배 하나에 아련히 머문다
흘러라 흘러라 내 마음의 강물이여

작은 애인

그대를 사랑하기에
내 맘을 노래하는 어리석음을
배웠네

그대를 만나기 위해
진종일 꿈속을 헤매기도 했다네
그대를 진정 사랑하기에 나는
만 가지 기쁨을 얻었네

다른 이를 사랑한다면
내 마음 이토록 애닯지 않으리

내 맘속에
그대는 작은 애인

슬프고 다정한 이 마음
그대는 나의
작은 애인

상사(相思)

이독밀 작시 / 이안삼 작곡

그대가 이슬만 먹고 사는
한 포기 들꽃이라면, 나는
그대로 인하여
눈물의 밤바다를 헤매이는
한 떨기 별꽃이어라

그대와 나의 만남은
해풍에 스러지는
물결과도 같아라
그대를 바라는 나의 마음은
산들바람에 흔들리는 꽃잎의
수줍음인 것을…

분주한 여름은
이 끝없는 인연의 백사장에
우리를 남겨두고 모래알을 안고 달아나는
저 지혜로운 조수(tide)와 같구나

오—
오늘도 너의
소슬한 몸짓에
나는 운다

보이지 않는 길

하루하루를
내 생의 마지막처럼 여기거나
하루하루를
내일에 줄을 매고
산을 타는 클라이머처럼
생각하노라니

길은 허공을 가르는
내 몸뚱이 하나요
흔들리며 날아가는 민들레
씨앗처럼
미풍에 웃어도 보고

두 눈에 보이는 길이
외줄타기 인생이라서
광풍에는 울기도
참 많이 울기도
하였도다.

나는 킬리만자로 빙벽을
오르는 표범을 교훈 삼아

가노라
벼랑 끝을 기어오르는,
나는
클라이머.

나의 도요새

그이는 날 보고 섀도우 체이서(shadow chaser)라고 했다.
그이는 날 보고 드림 매니아(dream maniac)라고 했다.
그러나
그이는 나의 비상(飛上)을 안다.

구구거리는 비둘기 떼 속에
한 마리 도요새가, 빙글대는 여름 한낮의
태양을 향하여 날개를 쳤다.

해는 아득하고
이제금 날 저물어 비둘기들은
어울려 제 둥지를 찾는데

나의 외로운 도요새는 먼—데
석양을 그린다.

다시는
이 강가에서 목을 축이지 않겠노라
다짐하지만
제 그림자를 남기고 떠난 그 자리에
필시 나의 도요새는 다시 오리라…

그이는 날 보고 섀도우 체이서라고 했다.
그이는 날 보고 드림 매니아라고 했다.
그러나 나의 외로운 도요새는
내가 언제나 비상을 꿈꾸는
영원한 방랑자라는 것을

나의 외로운 도요새는
알고 있다.

이유(The reason)

자명종(alarm)
나는 자명종(alarm)
사색의 동굴 나의 방에
오늘도 쉬지 않고 돌아가는
나는 자명종(alarm).

천지의 정기가 박동하는
새벽이면
북한산 보랏빛 능선 따라
바야흐로 넘어가는
저 하늘의 유성

순결한 나의 님!

지성(至誠)의 마지막 고지
조국에 바치는 나의 정절(貞節)
나의 휘델리티(fidelity)

그분과 내가
남몰래 맺은 언약
위태로운 내 상념의 쪽배를
순풍으로 인도하시는

그분은
그분은 나의 조국,

순결하신 나의 님
조국이여
나도 어진 그대 닮아
자비와 충성을 다짐하며

항상 깨어 있는
나는
조국의 시계
나는 자명종(alarm).

어느 봄날 아침

세상은 뽀오얀 우윳빛
안개에 잠기고
담장을 타고 흐드러진
개나리 꽃잎에도

내 사랑하는 사람의
눈빛처럼 온화한
정분이 감돈다
아— 아— 어여뻐라
봄날은 저기 저 부드러운 안개 속으로 날아간
새의 깃털 속에서 반짝이고

부시시 잠 깬 내 님의
고운 눈꺼풀 위에
살며시 내려앉은 사월의
햇볕처럼
따스한 미소로부터
나에게로 온단다.

지난날

이독밀 작시 / 최영섭 작곡

말없이 강가를 나 홀로 거닐면
물새 한 마리 갈꽃 새에 몸을 감추고
외로운 마음에 그윽히 노래 부르면
먼 산 그림자 강물에 어린다

별떨기 피어나는 하늘에는
어린 적 동무 얼굴 날 찾는 듯 반짝이고
지난날 우리의 우정이 강물 따라 흐른다

지난날 우리의 언약이
강물 따라 흐른다

아 아 그리움아 세월은 흘러
우리의 언약이 강물 따라 흐른다

사랑의 종이 되리

이독밀 작시 / 이안삼 작곡
정연승 (관현악으로) 편곡

만약에 내가
다시 사랑을 한다면
내 님의 빛나는 눈동자에
언뜻 어린 한 방울 눈물이 되리

내 님의 옷깃을 스치고
지나가는 부드런 바람이 되리

내 님은 날 아시려나
눈물방울 떨어지고
바람 되어 사라지는
날 아시려나

만약에 내가
다시 사랑을 한다면
내 님의 가슴속에 울려 퍼지는
사랑의 종이 되리

내 님이 날 아시듯
나는 내 님 곁에
가만히 맴도는
종소리의 울림이 되리

덕행의 보루(堡壘)

때론, 범람하는 강물 위에
거세게 내리는 빗줄기처럼
상처받은 내 마음은 외로웠었다

아우성치는 나의 가난한 심사여

빗소리도 은근한
봄날의 비 내림이나

잎새 위에 촉촉히 스며드는
아침 열 시에 내리는 여름비로
오셔라

조물주를 경배하는
가을비의 달콤함으로 오셔라

본심은 다정함인데
여린 가슴을 찢고 가버리는
섭섭한 인심이라도

돌아보면
너와 나

하늘과 땅 사이
마음 기댈 곳 없어
방황하는 나그네
…
강가에 둑을 쌓으리라
더 높게 쌓으리라

범람하는 강물 위에
거세게 내리는 빗줄기 같던
나의 마음이여,

생명을 키우는
저 찬란한 강물의
흐름이여!

메아리

내가 아직 어렸을 때
나는 그대를 불렀네
그리움과 기다림의 간곡한 노래—

내가 어른이 되었더니
메아리도 목소리에
시름이 묻어 있네

아— 아—

밤이나 낮이나
내 맘속에 부딪고 돌아오는
사랑의 메아리여

그댈 부르네
메아리도 그대 찾아 머언 먼 시절로
돌아가고파…….

하늘 길(The planet)

그대의 하늘 길을 나는 알아요
오늘도 나의 작은 창에
등불이 꺼지지 않는 까닭은

달은 달이 가는 길이 있고
지구는 지구가 가는 길이 있고
왕은 왕이 가는 길이 있고
사람은 저마다
마땅히 가야 할 나만의 길이
있기 때문이지요.

매일매일이 똑같이 반복되는
일상일지라도
나의 소망의 씨앗은
깊은 바닷속에서 끓고 있는 마그마처럼
두근거리는 내 심정 안에
숨어 있습니다.

그대가 잠든 내 머리 위으로
하늘 길을 달려와
나의 꿈속에서 속삭이면
나의 길은,

깜깜한 모래 먼지 자욱하여
선인의 발자취도 찾을 수 없고,

바람이 불 때마다 앞길을
잃어버리는 사하라 사막에서도
오직
하늘 길에서 반짝이며 날 인도하는
북극성과 같은 그대의
사랑 때문인 것을 나는 알아요
오아시스를 발견하듯 일상의 먼지 속에서 그대의
기도를 찾을 수 있다면 나는 그대로 인하여
죽는 날까지 별을 노래하는
시인의 길을 가리라 약속합니다
나의 길은
그대가 날 찾아오시는
하늘 길의 곡선과 어울리는
파동을 가졌습니다.

종달새

나의 새벽은
시계 침의 꼭대기에 있습니다
상쾌한 새벽입니다
세상이 고요히 잠이 든 때
나와 당신만이 존재하듯
사위는 깜깜한 밤입니다

나의 새벽은
당신의 약속
나와 더불어 당신은
새벽을 가장 먼저 알리는
종달새

당신은 깜깜한 밤하늘을
떠받드는
아틀라스 신(神)

나와 더불어
당신은 새벽을 가장
먼저 알리는 종달새

당신은 나의 가슴에
훌륭히 빛나는
승리의 마스코트입니다

로얄호텔

먼 바다를 항해하고
하늘을 날아
이국의 정조가 푸른 산호초(blue coral reef),
칵테일 한 잔에
깊어가는 곳,

거리거리마다
오색등(燈)이 켜지고
온갖 빛깔의 의상을 한
쇼윈도의 마네킹들…
누가 인형인지
누가 인간인지
욕망의 소용돌이가
끝이 없을 듯하다.

명동거리가
차차로 불야성을 이룰 때
로얄호텔
어느 요새에선
나도 덩달아
인고(忍苦)의 탑을 쌓는다

한때는
엑조틱한 마음으로
라운지의 쇼걸처럼
기다려 보기도 하였다

이제
세월은 흐르고
세계의 정조도
세월 따라 흐르고
유약했던 나의 꿈도
한 톨 알밤처럼
익어가는 곳.

길거리엔 걸인이
절망 어린 눈길을
마네킹에게 호소할 때

로얄호텔
찬란한 문명의
뒤안길에서

나도
내 인생의 닻을
어느 곳에 내릴까…,

깜깜한 하늘에
빛나는 저 별떨기에
물어볼까…,

행여 날 기다리는
그 니에게 물어볼까…

밤길은 바쁘다
어느덧 자정 녘
나의 방엔
이윽고
등(燈)이 켜진다.

보호받는 풍경

물속에는 파—란 이끼들이
바람 따라 가볍게
살랑댄다

목을 길게 빼고 진달래꽃이
계곡물 위으로 얼굴을 비춘다
제 모습에 도취되어

세상의 여인네들이
저마다 자신의 거울을 보며
화장을 하듯이

꽃들도 바람결에
얼굴을 뽐내며.
한 잎 두 잎

계곡물 위에 떨어져
복사꽃잎 떠 오는 무릉도원이
과연 이곳이 아닐까—

그대와 내가
이곳을 사랑하여 다시 찾는다면

이 신비한 비경은

봄날이 소낙비에 밀리어 가듯
사라질 줄
누가 알까…

멍에

대관령 목장의 소 떼들은
멍에를 씌우지 않았는데
우리 집 음메소는 멍에를 짊어졌다.

우리 집 음메소가 허약한 아버지를
위하여 자청한 것이 아니다
그도 때로는 도리질을 하고 싶고,

구름이 영을 넘는 한여름에는
대관령에 사는 친구들처럼
넙죽 엎드려 싱긋 풀 향기에 취하고도 싶다.

그러나 우리 집 음메소는 봄, 여름, 가을
지나 겨울이 올 때까지
아버지가 씌워놓은 멍에에 갇혀

지친 다리를 절며
아버지가 잡아끄는 대로 끌려 끌려
한세상을 살다 죽었다.

아버진 아무 미련 없이
고깃국을 드신다.

나도 어쩌면
아버지로 인하여 나서, 자라고,
아버지가 씌워놓은 인생의 멍에를 짊어진,
불쌍한 내 친구의 우울한
눈빛을 닮아간다.

우리 집 음메소와 나는
아버지를 남몰래 미워했다.
지금도 하늘 저편에 어둠이 짙어오면
나는 외양간에 갇힌
우리 집 음메소처럼

나의 아틀리에에 숨어
무심히 하늘의 별을 본다……

여름 정경

정오가 되면
뜨끈뜨근한 연무
뽀오얀 태양 속으로
잠적해 버린
집 짓는 사람들,

자장면 배달하는 아이는
낡은 오토바이를 몰고
아득한 기억 속에
멀어져간다.

언 땅속에서 악전고투하던
겨울날의 우리들,
가을에는 하늘 끝에서부터
유랑의 무리처럼
떠돌고
텃밭엔 이미 남모르게
우거진 잡초……

다른 이들이
늘어진 시계추처럼
지쳐 있을 때

무(無)와 존재함이
멈추어 있는
이 우주 공간 속에서
나는,
한순간의 티끌로
사라지기 싫었다.

나비와 내가

나비와 내가
앞서거니 뒤서거니
콧노래를 부르며
개울가를 걷는다

들꽃은 뜨건 태양 아래
샛노랗게 피어서고
나비는 그 서슬이 싫여
되려 나를 쫓아오네

사르르 날갯짓도 부드러운
나비는 손가락에 앉아서
섬섬옥수도 아닌데
다정한 마음이 좋았나 보다

산길에서

아침 해가
동녘 하늘을 비집고 나오려는
이맘때면

아직 가시지 않은 어둠이
큰 미륵바위 뒤에서
짓궂게 웃는다

괜스레
부끄러운 생각에
풀포기를 뜯는다

이슬은
노오란 우산 위에 떨어졌다
사방으로 튀어 달아나는
빗방울처럼

머얼리
머얼리로
흔들어 보냈다

산을 오르는
사람들은
매양 그 얼굴이 똑같지만

오늘은 햇님같이
발그레한 내 얼굴을
아무도 모르신다

봄의 풍광(A beautiful spring)

몸부림치며 견뎌온
잔인한 겨울의 고독
늪에서는 잠자던 물뱀이
꼬리를 흔들며 유영한다

진줏빛깔 은은한
하늘가에
오늘도 꽃편지 같은
개나리 순이 연연히
물오른다

때론 격렬하게 가지를 떨고
때론 조급히 꽃 피었다
반지보다 작은 나의 별에도
봄이 왔다

산릉선을 따라 깊은 골짜기에는
햇볕도 발길을 주춤하는 곳
머잖아 어른 키만 한 대마가 울창하고
물미나리 질세라 어깨를 휘청거릴 때를
기약하며

봄이여!
수많은 빛깔의 계절이여!
하늘의 별무리보다 아름다운
지상의 엘레우시스 제전*에
그대도 어서 달려와
축배를 들어라

* 엘레우시스 제전 : 곡식의 여신 데메테르를 경배하는 제전 의식.

고양이

봄 햇살 아래 누워
지나간 영화를 꿈꾼다
밤이 되면 어둠을 향하여
갓난아기처럼 애설피 울었다

가장 고결한 품위를
사뿐한 네 발끝에 감추고
거만한 여왕같이 독무를
연기한다

태생이 영묘하다
너를 두려워하네
너를 두려워하네
교활한 꾀가

오물거리는 주둥이 안에 숨어 있다
가끔씩 입을 열고
권태를 토해내는 저 게으른
울음

누가 너를 인간의 침대 속으로
불러들였는가

누가 너를 엄동설한에
길거리로 방사하였는가

너의 속성도 모르고
그 보드라운 털에 입 맞추는
요염한 여인네의 짝이 되어,
불길한 짐승 같으니!

인간의 탐욕과 욕정에서
비롯된 고양이의 팔자

새벽

한낮의 소음을 싣고
기차가 머언 시간 속으로
사라지면
이슥고 밤이 온다

천사들이 영면하고
악마가 시시덕거리는 밤,
도시의 네온에서 불꽃이
핀다

낮이 끝없어도
어김없이 밤이 오고
천기가 박동하는 새벽이
되어야 영혼은 의식의 바다에서
자유로이 헤엄친다

세상을 알지 못하고
죽은 아이들의 영혼이
훨훨 날아다니며
반딧불마냥 가녀린 섬광으로
나타났다 사라진다

새벽은 전광석화(電光石火)처럼
지나가고
별 안 뜨는 우울한 날에는
더욱더
명료해지는 의식을 느끼며

나는 아마도
새벽의 여신과
자매지간이 아닐까
생각도 해 보았다

진주

비바람이 몰아친다
내 몸을 적신다
내 맘을 적신다 그리고
나의 상처 난 아픈 가슴에
이방의 진주를 심었다

푸른 빛깔의 진주 씨알을 품고
아픔에 몸부림치며 참고 견뎌온 세월
내리는 비는 내 마음의 진주를 성숙시켰다

저— 푸르른 하늘이여
그리움이여 내 마음을 깊게 숨겨 둔
타성의 바닷속에서
나는 이방의 진주를 키웠다
그리고 드디어 그들로부터 해방되었다

하늘과 바다
내가 서 있는 이 땅 위에서
나도 한 알의 진주가 되리라

그대도 내 맘같이

그대는
아득한 새벽하늘을
날아가는 시간
궁수의 활을 벗어난
살과 같이

해가 뜨면 나는
붉은 망토를 휘감고서
천년만년 그대와 함께
말 없는 기쁨의 순례자이고
싶습니다

금빛 찬란한 아침 해가
나의 항구에 정박할
무렵이면
그대도 내 맘같이

영광된 내일의 메시지를
노래하는 별이 되어
동화처럼 나의 가슴속에서
빛날 것입니다

‘그대는 나의
영혼의 친구
소망의 기도입니다.’

영원히

어떤 때는 하늘을 보고
어떤 때는 꽃잎을 뜯고
어떤 때는 진리를 구하며
어떤 때는 시를 썼다

하늘을 바랄 땐
두 손을 가슴에 모두고
바다를 바랄 땐
수평선의 갈매기를 보며
조용하고 우아한 나래짓도 그렸다

그대를 찾으려고
숲 속에서 길 잃은 아이처럼
나무그루를 셈하기도 하였고
벼랑 위에 서서
애절한
메아리를 만들어 보기도 하였다

해빙하는 강물처럼
나지막이 울기도 하였다
내가 얼마나 오랜 시간 속을
우주를 방황하는 떠돌이별로

살아왔던가

그대를 찾기 위하여
나의 신앙 속에는
만 가지 애니미즘과 윤회와,
창조의 신 하느님을 찬미할 줄
나 이미 알았구나

제2부

남아 있는 날들

아고라 스케치

붉은 개스등이 새벽안개에 녹는
거리를 가로질러 그리 깊지 않은 바다에 들면(入)
아직 이른 서해가 정작 그릴 날(日)보다 붉다

어느 신(神)이
문처럼 발치에 심은 등을 끄자
꿈을 꾸면서 사람들이 화안하고 명랑한 얼굴로
집을 나선다 한 손에 활과
어깨엔 기타를 메고

시대가 평화로운 이곳에서는
시민과 종이가 혼돈을 빚고
오!
나는 희랍인
옛 시인의 달콤한 입술로
향내 그윽한
노래를 불렀다

| 시작 노트 |

Agora 광장 : 인하대학교 도서관이 있는 광장. '생각하는 사람' 동상이 있음. 새벽에 학생들이 등교하는 정경 묘사.

–1983. 7.

여름

집짓는 소리 목(目)전에
분주하고 머리 위엔 작열하는 태양

키 작은 노인이
점(占)으로 앉아 후딱 말해버린 여름

내가
저 하늘의 해보다
먼저 불타고
한 줌 흙거름이 될까

생일

나는
만경창파 동해
검푸른 물에
용트림하며 솟아오른
해처럼,

나서

자라서

설움과 욕망에
까맣게
타 죽다

말(Words)

평화는 하얗다
평화를 치약처럼 짜 썼다
눈 내리는 거리에서 나는 고독하다

별리

내가
공항 터미널 처마 밑에
서 있는데
비가
주루루루루
내렸습니다

무제

불행은 해일처럼 덮쳐 오고
행운은 썰물처럼 밀려 가고
....
나는 진주조개잡이 처녀

가을 이미지

나의 집 담장 너머로
대추 열매가 빨긋빨긋 물들고
알밤이 총알처럼 쏘아대는
산길
하늘은 더욱 깊어
동아리를 헤아릴 수 없으니
고추잠자리 꼬리가
오히려 창연하다

| 시작 노트 |
독일 국제펜팔협회 Hermes에 보냄.

그림(Picture) · 1

놀— 잔잔 바다에 잠긴 저녁녘
한적한 도심을 맨발로 걷는다
곱게 따뜻해진 보도블록

샌들 한 손에 들고,
펄렁이는 흰 옷자락
…………
다시 바다로 왔다
두고 온 내 발자욱
어느 게가 먹었나
해풍에 무너졌나 나의 모래성

일출(Sunrise)

나는
나는
갈 테야
바다로
갈 테야

세상의 속임수 들리지 않는 파도 속으로
숨어 버릴 테야

빨갛게 불붙는
물보라
흩어져버린 어린[愚] 시절이
끝없이 되풀이되는
저 넋두리

가을 서정 · 1

하늘은 캄캄한 안개
아카시아 남은 잎새
바람에 흔들리고
서울로 가는
기찻길의 끝없는 레일 위로
스쳐 지나가는 차창
밖에는 텅—빈—
논밭
무위한 허수아비
찾아오는 참새도 없다

나의 방 · 1

나의 방
고적한 방
문밖에는 큰 개 컹컹 우짖고
천장 위에는 쥐들이
실눈을 밝히고
하루를 꽁꽁 몸을 사리고
어두워졌다

강가에서

생각에 잠겨
걷노라니
민들레 하얀 홀씨
입술을 스치고 지나가네
풀포기 포기 사이
고운 씨앗이 아직 남은 까닭은
모진 바람을 몰라
나의 다사로운 입맞춤에
그이는 강물을 따라
멀—리—
더 멀리
흘러갔다네

여름날 오후

저 산 위의 구름은
흰 눈 쌓인 듯하네
칠월은 더위에 땀을 흘리는데
산 위 흰 구름은
솜사탕처럼
자꾸만 부풀어 오르네

미루나무 잎들이 반짝반짝
바람결에 흔들대고
하얀 비둘기 날씬한 몸매로
초록 햇빛 위를
사뿐사뿐 뛰어가네

고향 그리워

하얀 구름 산 위
그림자로 내리고
아름다운 산그늘 사이로
나물 뜯던 시절
내가 자라고
살며 소망하던
계곡도 이제 안녕
산 그림자 밝은 그늘에
산새 둥지를
찾는다

일몰(Sunset)

불타는 하늘이
강물에 잠기운다
은빛 물보라 자옥하니
피어나고
물새 한 마리 강슭에 서서
긴 목 두리두리
하늘을 본다

돌알을 던지니
물새 후두둑
맨발로 달아난다

차마 아쉬운 생각에
강바람에 지는
새소리만
들었다

습작(Sketch)

날이 새고
또 밤이 되면
어김없이 찾아오던
십이월의 천둥 비 바람
탓에

작은 새들
정원의 어두운
나뭇둥 밑에 우수수
떨어져 죽어 죽어

날이 새고
아침 해 찬란할 때

노오란 장미—

철없는 웃음이
어여웠다*

* 어여웠다 : 측은하고 어여쁘다.

| 시작 노트 |
뉴질랜드를 여행하고.

그림(Picture) · 2

갈매기는 반가웠어
바다를 보지 못해 섭섭하지만

마음이 고단하니 수평선을 그려 놓고
생각을 해야겠어
그림을 그리고 싶어
바다를 그리고 싶어
…………
갈매기도 그리고 싶어

그 도화지에
갈매기는 그리지마

이미 포구 어귀에서 보았으니까
생각을 좀 해야겠어
지난날 도화지에 갈매기는 제발 그리지마
갈매기는 드디어 서로가 가버렸다
자기들의 마음대로, —가버렸다

거류하다

바다
시—즌이 지나면
빈 파도 위
모래밭을 뒹구는 이름들

파도가,
욕망이
알알이 맺힌 그 이름들에
밀려왔다
갔다

파도야
나는
저
지중해
어느
해안
먼 석양 그늘 아래
한가지 이끼로
그대와 맺히고 싶다

| 시작 노트 |
제1회 춘천 국제태권도대회 통역 자원봉사 후. 그들을 추억하며, 지중해를 그리워하며.

꿈 깨어서

꿈에
내가 쓴 시(詩)들이 제멋대로
내 마음에 뛰어들어

꿈 깨고 다시 보았으니
아!
내 사랑은
님이 아니고 바로
내 마음일세

광인(狂人)

아무도 없는 객석의
네모진
터에
공연하다
꿈을,
예의 그 화사한
촛대가 더욱더 평화롭게
타오를 수 있도록
용서하고 일구소서
그 네모진
터에

춘천 송가

안개비
하늘로 피어오르니
물새 덩달아
날아오르고

길가엔
어린 풀꽃송이
송이 송송, 거미 한 마리
고목에 줄을 매고
그네를 탄다

하늘은 선(仙)계
고요한 강
내리는 빗방울
파문을 긋고

게다가
그들을 두고
떠남이 애석하다

오!
흰 물새 한 마리
자주 오고 가라
그네들에…

가을 스케치

황금빛 잔디 위에
넘실넘실 물결치는 황금빛
잔디 위에
화알짝 누워
하늘을 보라

햇살은 내 이마 위에
까아맣고
늦가을 스치는 바람은
차갑고 달콤하다

화알짝 누워
화알짝 누워
스러지는 잔디 위에 얼굴을
묻고,
누우런 풀 향기
익을대로

봄
여름
그리고
겨울,

가을은
저 까아만 햇살 속에
숨었다

연애편지

이 하얀 백지 위에 무어라고
써야 할까
I can not handle my pen 이라고
써야 할까
Help me! I can do it,
Sometimes will be, soon! 이라고
써야 할까
Longing for you 라고
써야 할까
세상의 일이란
참 알 수 없어 라고
써야 할까
I shall not care 라고
써야 할까

새해 해맞이

오늘도
꾀 없는 또 하루
파도 속에서
해는 떠올랐는가?
해사한 물안개
자옥이 일으키며,
해는
저 애기 중 같은
고운 머리로
용암 끓는 바닷물 속에서
해탈하였는가?
나는 저 해를 찾으려
단잠을 잊었노라
그런데
해는
웅크려 떨고 있는
내 차가운 이불 속에
있단 말인가?
숨어 있단 말인가?
나의 해는
어디에 있단 말인가?

봄비 내린 후에

봄비 내린 후에
비 고인 웅덩이를 바라보노라니
내 마음 기뻐 기뻐
치맛자락은 함뿍
바람을 머금고

그곳에
머리를 헤쳐 풀고
얼굴일랑 씻으면
내 마음
날리는 바람 따라
치맛자락도
둥~실

기도

앞산 뫼에 푸덕이던
날짐승
둥지 속에 속속이 숨어
그 파란 눈을
가슴팍에 감추고

창망한 바다 끝, 찬란한
태양 비치는 희망봉을
꿈꿀 적에

까만 밤에 홀로 깨어
새벽을 기다리는
부엉새와도 같이
소망은
반짝이는 부리에 물고서

젖은 날개
우울한 눈빛으로
아무도 모르게
울었다

내 마음 내리는 빗소리에 실어

달리는 자동차 소리
귓전에 찰싹이네

한밤중에 불 밝히고
창밖을 보니
까만 밤을
이즐에 끼워 놓고

어느 화가
사선의 획을
열심히 긋는다

손목의
느리고 강한 힘은
때로
동그라미를 만들어
가만히
나뭇잎에 얹으니

아!
아침이 오면
영롱한 이슬
한 방울

선인장처럼 살고 싶다

선인장처럼 살고 싶다
물이 없다는 사막에서
억수비 사철 내리지 않아
바다에는 풍랑도 없어
엄마가 날 낳아주신 그 모양대로
멋지고 씩씩하게
돌개바람 휘몰아쳐도
엄마가 날 낳아주신 그 모양 그대로
아무에게도 침범 받지 않는 땅에서,
꿋꿋이 살고 싶다
어쩌다 하늘이 슬피 울면
한줄기 눈물이
어쩌다 내 몸을 적셔서
그때 단 한 번 울어보고 싶다
어쩌다 이슬도 아니 맺히는
황막한 사막의 땅에서 차라리
선인장처럼 살고 싶다
그러다가
길 잃은 사막의 낭인이 와서
하는 수 없이 내 몸을 베어
그의 목을 축일 수 있다면—

그것도 아니라면
한 포기 잡초처럼 생겨나와 차라리
남의 집 텃밭의 민들레마냥
가슴에는 희망을 가득 품고
화안하게 흔들리며
웃으면서 날아가는
한 포기 민들레였더라면 좋았을 것을…

작은 귤을 까먹으며

끝물의
작은 귤은
껍질조차 하도 보드라와서

섬섬옥수 고운 손가락이
아닐랴면
후우 불어 날아갈 듯

봄바람 속에 움트는
새싹 같은 마음으로
벗겨다오

배시시
한입 가득히 물고
작은 귤을 까먹으면

얼굴엔
동그란 웃음,

봄날이 온다네
봄날이 온다네

나의 방 · 4

나의 방에는
말 없는 전화가 있고
작은 앉은뱅이책상이 있고
때로
신이 나서
뒤적이던 한글 사전이 있고
커피포트가 있고
쓰레기통도 하나 있다
어느 것 하나
나의 역사가 담겨 있지 아니한
것은 아무것도 없다
게다가
내가
따악
홀로
작은 책상 앞에
붙어 앉아서
말끄러미
어두워 오는 나의 방에
앉아 있으면
나의 방은
나와 더불어

나의 기억 저편으로
사라져 버린다
그러한데
누가
나를
기억해 줄 것인가
내가
나를
잊곤 하는
나의 방에서

| 시작 노트 |

일몰의 그림자가 깃드는 아파트 나의 방에서 잊혀지고 있는 나의 존재. 고독의 공포에 떨며.

— 2002. 4. 9.

내게 귀한 벗 있어

내 마음은
철없던 시절
시냇가에 부서지는 햇살
구르는 조약돌, 속살대는
한 마리
송사리

내 마음은
흔들리는 낙엽
쏟아지는 빗줄기
조롱하는 바람
내 마음은
이슬마저 빼앗긴
내 마음은
흔들리는 낙엽

그러나
내 마음에
귀한 벗 있어

내 마음은
철없던 시절

시냇가에 부서지는 햇살,
구르는 조약돌

내 마음에
귀한 벗 있어
속살대는
내 마음은
한 마리
송사리

여름(Summer) 이미지

장대비 그친
칠월
오후 한나절이면

말쑥한 얼굴에
간드러지듯
웃는 산

머리엔
꽃구름
찬란한 태양(太陽)

살랑이는
나뭇가지 사이로 부는
파아란 하늘

장대비 그친
칠월
오후 한나절이면

백일홍

빗소리에 잠 깨어
창밖을 보니
목이 긴
백일홍 꽃가지
비바람에 이리저리
흔들리고 있네

빗방울일까
꽃잎일까

한 잎
두 잎
불빛 새로 떨어지는
꽃송이는
눈물이 아니라네

오롯이 기다림은
순결한 기쁨

홀로 있는 시간

나는
내 이름 석 자를
손가락에 힘껏 힘주어 적으며
세상의 온갖 축복의 말로써
마음에 새긴다
그러나
홀로 있는 시간이
하루 이십사 시간
일 년이 지나고…
이 년이 지나고…
또다시
새해가
밝아 왔다
과연
나는
내 이름 석 자를
어떻게 가꿀 것인가
언제나
홀로 있는 시간…
무엇인지 모르나 나는
무엇인가를 향하고 있으며
한밤중에 잠 깨어

매무새를 단정히 갖추고
책상 앞에 앉아
변함없는 하루를
반성하고,
반성하고,
또 반성한다
하노라면
나의 앞날은
태양이 가득히 비치고
어느 날
나는
내 이름 석 자에
꾸짖은
많은 말들을 기억한
한 그루
어진 묘목이
될 것만 같다

홀로 있는 시간,
고통의 날이 지나면
행복의 날이
온다고 했느니

세월아!
잠자코
네 갈 길로 가거라

나는 호올로
외로운 작업에
하루해가
또
저물었다

| 시작 노트 |
새벽에 언제나 깨어 생각하다.

독백

내가 좀 더 어렸을 때
나는 새처럼 날아 아주 먼 나라로
아주 먼 나라로
가고 싶었지
내가 좀 더 어렸을 때
나는 꿈을 꾸었지
뭇새들은 떠나는 나를 무심히 바라보았지
나는 날아갔지
나는 날개가 아팠어
나는 쉬고 싶었고
떠나온 집이 생각났지
친구들이 보고 싶었지
그러나
나의 집은 공허한 빈 둥지
나의 친구들은 저마다의 둥우리에
잠금쇠를 채우고
기웃거리는 나에게
말하는구나
돌아가라고
어디로?
나는 후회했다
계속 날아갈 것을

나는 나의 빈 둥지로 돌아와
울었다
이제 나는 무엇을 할 수 있을까

돌아오는 시간이 너무 길었다
이제 난 무엇을 할 수 있을까

전설(A legend)

어떤 때는 이런 적도 있지요,
산꼭대기에 올라가
야—호 하고 소리 질러 보듯이

방문을 꽁꽁 잠그고
아무도 없는 빈 방에서
야—아! 하고
야—악! 하고 소리 질러 보신 적이 있나요 그대는?

무슨 까닭이 있나요?
차라리 흥겨운 음악을 틀어 보세요
그것이 과연 그대를 변명할 줄
알았나요?

그러면 바닷가로 달려가세요
여름 내내 사람들이 몰려와
그네들의 달콤한 휴식의 찌꺼기로 더럽혀진
어지러운 백사장이
그렇다면 당신에게
안식을 주던가요?
차라리
어둔, 비, 안개 자욱하고

봇물 터지듯 내리쏟는
초가을 폭우 속으로,
쏟아지는 비바람 속으로 도망하세요
잠시 후면 우르릉거리며 천둥이
칠 것이고, 어쩌면 번쩍하고 낙뢰라도
내리꽂히지요
어디인가요?
그러나 그것은 순간의 선택이랍니다
그대가 아무리 구해도
하늘이 허락지 않는 한
저 억수비 속의 낙뢰조차도
당신과는 상관없는 신들의 불꽃놀이에
다름없지요
그러면 이러한 옛 노래는 어떠한가요?

'그대는 비가 내릴 때
어디에 있고 싶소?
어디에 있고 싶소?
나는 떠가는 배 위에 있고 싶네'

작자를 모르는 이 옛 싯구가
마음속에서 떠나지 않음은

어쩌면 그대는 후회하고 있군요
아무것도 그대의 선택이
아니었답니다

잘못 전달된 편지

누가 Rome에 가서
모든 길이 Rome로 통해 있다는 것을
처음부터 알았을까요,

길이 여덟 개라 해도
여덟 갈래 길이 만나려면
Road, street, Avenue,
a girl, Boys and an old woman
물어봐야지
지금 내가 가고 있는 이 길이
정말 Rome를 향하고 있는지,

Rome의 옆길 건너
디음 길,
아무리 바둑판 무늬 옷감도
무늬를 잘 맞추어야
제 멋이 난다는데—

잘못 전달된 편지
시인은 대를 이어 여기에
살고 있는데

가신 님의 통곡은
가신 다음에야 고우셔라
노래를 지어 놓고 저를 울리셨나요?

왜 내 마음은
이다지도 삐뚤삐뚤
Rome는 멀기도 멀어라

몰디브

나는
남태평양 한가운데
둥실 떠 있는 섬 몰디브,
해안에는 야자수 몇 그루
파아란 하늘을 배경 삼아 살랑이고
찝질한 바다 내음, 음!
작은 게 한두 마리
발바닥을 간질이는 그곳
정오의 태양 아래
눕고 싶다

내 작은 오디오는
그러나 몰디브 해변에서 불어오는
해풍의 노랫소리를 들려주지 않는다

나는 한 마리 날개가 부러진 갈매기처럼
고향을 갈망하다 지쳐버린
말을 잃어버린 갈매기처럼
죽어 있다 나의 방에서

아!
나는 저 은빛 태양을 벗삼아

야자나무 그늘 아래
어여쁜 작은 게들과 놀고 싶다
그들은 나에게 속삭였지

Isn' t it great that
You and I have learned
to enjoy simple things in life?

내 삶의 고단함을 태우고 싶다
저 몰디브 은빛 태양 아래
작은 게들과 누워 뒹굴며

저 몰디브 은빛 태양 아래

당신 곁에

새벽 동산 위
나는, 떠오르는 광명한 태양
나는 태양의 그림자

태양의 흑점 속에
까맣게 타버린 한 점(占)
나는 태양의 그림자

서산에 넘어가는
일몰의 기다란 나의 그림자
당신의 나는 그림자

그리고
또한 당신은
깜깜한 밤
나만의 사당에 타오르는
촛불 아래 너무도 기—ㄴ
나의 그림자

당신 곁에 가만히 앉아
한오리 연기로 화해 버릴
나와 똑같은

당신은 나의 그림자
당신은 나의 그림자

가짜 사과

예쁜 이 얼굴은 가짜랍니다
내 속마음을 어떻게 알겠어요
거울 속의 나는 가짜 사과

서울 이야기

발아래 굽어본다
어느 은하계인가

별 초롱 꿈 초롱
지금 어드메쯤
잠투정 어린 아기
엄마 품이 그리운데
엄닐랑 일터에 나가 아니 돌아오는,
서울은
잠이 없어라

아기야
되려 네가 엄닐 용서해
다고

서울에 산다

사람들의 다급한 발걸음
부딪고 아파하고
헤어진다
거리에는
요염한 옷가지들
화장품
마네킹에나 어울리는
가냘픈 하이힐
넘쳐나는,

까마득한 고층 아파트
손바닥만한 방
이 집도 저 집 같고
저 집도 그 집 같으니
어려울사
할아버지 할머니
고향 그리다 지치셨다
파도,
파도,
파도!
파도!
파도!

파도!
파도!
파도!
뱃고동
뚜— 우—

| 시작 노트 |
청량리 정신병원에서는 8시에 아침 식사가 나온다.
뱃고동 소리 같은 버저 소리.

가을 서정 · 2

봄 동산에 두견이는
진홍 빛깔 애기씨 마음이고

여름 시냇가에 물고기 쫓는 아이들
물보라 일으키며 만드는 무지개
동심은 사랑스럽다

도심의 포도 위에서는 플라타너스,
잎새 홀로서 떨어진다
너와 나의 연분의 정도
끊어지고
요란했던 인간사 열기도
이제는 식었어라
혼자 가는 길
지금 나 죽어 한 줌
흙거름 되었다가 다시
봄 동산 진달래로 피어날까…
가을은 회생을 기약하고 싶다

산천에 흰 눈 덮이면
그때사 침묵하리라

달콤한 커피믹스

엉덩이에 불붙은 망아지처럼
돈이 무엇인지도 모르는 주제에
이리 뛰고 저리 뛰고
갖가지 병원을 돌아다녔다
낯선 곳, 처음 만나는 사람…
식욕도 떨어졌다
잠도 잊었다
적응의 한계를 넘는 간병인 생활
누가 병자이고 누가 간병인인가
바짝바짝 말라가는 몸뚱이
노동의 대가는 역할 교체인가
오로지 커피믹스 서너 봉지에
많은 낮과 밤을 타서 마셨다
달콤한 커피믹스
그것도 추억이 되어
때때로 가만히 음미한다
그때 그 병원
그때 그 사람들
다시는 만나지도 않게 될
그때 그 사람들…
인정에 설킨 마음이야
달콤한 커피믹스…

✽ 시조 ✽

나랏말씀

죽을 때까지 외올 우리말일진대
영문으로 포장하고 돌돌 말아 놓으니
도무지 나랏말의 흥망성쇠를
모르겠으니
보아라
차라리 껍질일랑 홀랑 벗겨서
십이월 문밖으로
쫓아 버리자꾸나

| 시작 노트 |
영어만 중시하는 세태를 탄식하며.

혼자 가는 길

바람이 불었다
바람이 불어서 나는 울었다
나는 울었더니 눈물이 나왔다
눈물이 바람에 날아갔다

가만히 웃었다

클로버

클로버 잔잔한 벌판에서
꽃잎을 뜯으며 생각했지요
왜 아빠는 토끼를 가두어 두고
나에게 풀을 뜯어 오라 하실까

클로버는 너무도 연약하여
내 작은 손아귀에서조차 짓이겨지고 말았습니다

쪼그리고 앉아 꽃잎도 뜯고
자꾸자꾸 뜯어도
고 작은 꽃잎은
바구니에 차지를 않았습니다

벌판을 거의 다 헤맬 때까지
어느덧 뉘엿뉘엿
해는 저물었는데
우리 속에 배고픈 토끼보다
아빠의 꾸지람이 무서웠어요
바구니 속의 클로버는 아직 차지
않았는데
하루해는 저 몰라라
어두워졌습니다

투덜투덜 나의 긴 그림자도
어느새 별빛에 가려
깜깜한 밤에
우리 속에 토끼는
기쁘게 날 기다리고
아빠는 저에게 속셈을 가르쳤지요

억울해요
나는 열심히 뜯었는데,
바구니는 벌써 바닥이 났는데
토끼는 자꾸자꾸 배가 고프대요

실험 인생

내가 시를 짓고,
만약에 음표를 따다가
곡을 붙인다면

내가 지은 시는
내 마음을 노래 삼으니
때로는 고요하고
때로는 명랑하고
그리고 또한,
… 광염 소나타!

나는 내 노래를 가장 사랑하느니
한 손에 든 솜사탕이 세상의
전부인 어린애처럼
내 것만 사랑하겠지

시를 잊고 있어도
심장엔 쿵! 쾅! 쿵! 쾅!,
젊음의 야망이 들뜨고
푸른 두 눈에 희망과,
애정의 쪽배가
떠다닌다

바람이 불고
파도가 거세어도
나는
율리시이즈,
바다의 신 포세이돈이
가히 나를 두려워
하리라

눈맞이

고요적막공산

동 · 서 · 남 · 북
천지일월의 진리를
한 송이 흩날리는 눈송이에 담았다

에디슨은 전기를 만들지 않아도 되었을 것을

눈송이는 불빛을 가려
밤거리에 자동차는
깜박등 신호조차 모르고
이놈 저놈 부딪혔다

밤바다에는 등대가
제 구실을 못한다

수평선 지평선
오로지
하얗게 내리는
눈, 뿐…

인간이 제 아무리 영특하여
온갖 것의 꿍꿍이를 꿈꾸다가
달나라도 정복했다만

내리는 눈 한 송이가 모여
하늘도 이미 없어졌으니
땅 위에 온갖 것들이
하얀 정적에 둘러싸여

잠시

인간의 사심을 부끄러워하게
하노라

달맞이꽃

너는 해바라기, 고흐 손에 영원히 피어 있고
너는 들장미, 괴테가 노래 부른,
너는 들장미
너는,— 모짜르트의 오랑캐꽃
너는— 워즈워드의 수선화
그리고 너는—?

너는
억새풀 새에 보일 듯 보일 듯,
대공은 거칠어 꽃인 양 들풀인 양
가늠할 수 없구나
어쩌다가 그 연약한 노오란 꽃망울이
바람 부는 대로 울기도 하고
한 송이 두 송이 저만치 피어 있으니
외로워라 말이 없네

너는 달맞이꽃
비로소 달 떠오면
꽃잎은 해사한 웃음으로
수줍음을 감추고
너와 비롯하여 달맞이 하는

나는,
나도 야생화

풀 내음—,
이슬의 속삭임,
달님과 더불어
화안한 달밤이 그리운
나도 야생화

너, 달맞이꽃!
꽃송이에 한 방울
맺힌 이슬은
이별의 설움인가
지난밤 사랑의 열매인가
나는
한 송이 달맞이꽃 잎새에
이슬 마시러
강가로 왔다
달빛 스러지는
새벽 강가에

그래,
그리고 너는—
너는 나의 달맞이꽃,

내 맘속에
영원히 피어 있다

✻ 시조 ✻

소요지경

갈매기 한 마리
파도 따라 넘실댄다

물아래 그림자도
파도 따라 출렁댄다

잠깐
세상 구경 나온 꼴뚜기 갑자기
먹총을 쏘아

갈매기 눈 멀었다
꼴뚜기 사냥에

✻ 수필 ✻

아마도 그 길인가(Maybe the road)

가지 않은 길
그 길은 단풍나무 우거진 길
아마도 아직 밟지 않은 길이랬지
두 갈래 길이었던가?

아마도 그 길
하나의 재주 가진 놈이
열 재주 가진 놈보다 낫다고 했는데
아마도 이 길일까
아마도 저 길일까
아마도 그 길일까
아마도…?
아마도…!

발레리나가 되고 싶었다
무대 위에서 날으고 싶었다
그림을 그렸다
세계에서 으뜸가는 화가가 되고 싶었다
노래를 불렀다
멋진 가수가 되고 싶었다
도대체 40이 되도록
되고 싶었다 무엇인가가

그것 하나만 생각하다가
40 나이를 훌쩍 맞이하고
말았다
세상살이는 너무 어려워
몰래몰래 글을 썼다
아무것도 되지 못하고 일기책만
수십 권이 되었다
글을 쓰며 나는 나의 인생에 투항했다
그 밖에 아무것도 모른다
운명이란 무엇인지를 알려고
무척이나 노력해 보았다
오로지 펜대 하나에 나의 설움을 대신했다
태어났음에 억울했고
자라서는 생존의 무게에 짓눌렸다
오로지 나와의 싸움에서
결국 결국 나는 나의 펜대에 내 운명을 실었다
나는 날고 싶다!
발레리나처럼 무대 위에서
날으고 싶다!
화가가 되어
세상의 모든 것들을 그리고 싶었다
그리고,

가수가 되어
내 마음을 노래하고 싶었다

이도 저도 아닌
나의 운명은
나의 욕망을 짓눌렀다
나는 운명의 무게에 깔리어
버둥거리며 울었다
그리고 죽음을 청하는 글을 썼다
그런데 글 씀과 더불어
나는 나의 심정 밖으로 나와
나와는 전연 다른 객관이 되었던 것이다
글을 쓰면서 나는 어쩌면 나를 짓누르는 운명이
혹시 이 펜대에 의해 도망가리라 느꼈다
나는 지금 글을 쓰고 있다
수많은 꿈들을 소망하는 마음을 글로 쓰고 있다

나는 발레리나
나는 화가
나는 가수
그리고
나는,

나는
꿈속에 잠긴 시인이 되었다

아마도 그 길인가?
maybe the road?!

서두르지 않는다

서두르지 않는다
빨간 신호등이 깜빡일 때에도
다급한 방귀를 붕붕거리며
달리는 노오란 택시가
있을지도 모른다

서두르지 않는다
고단하게 하루 종일 일을 하고
찻물을 끓일 때에도
뽀골뽀골 커피포트에서는
뚜껑이 들썩들썩, 잠시 보채는 때가
적당하다

서두르지 않는다
한가한 토요일 오후,
아뜨리에 창문으로는
따사로운 겨울 햇살이 비스듬히 들고
아직 채 마르지 않은 켄트지 위에
내가 좋아하는 파란색 물감을
덧칠하지 않는다

서두르지 않는다
아무도 찾아주지 않는
외로운 병실에서
지나간 추억을 생각하며
그리움에 여위지 않으리라
당신도 내 생각에 지금쯤,
어느 곳에서…

서두르지 않는다
조그만 나의 소녀 시절의 꿈이
방울방울, 바위에 떨어지고
부딪고 부서지고
자꾸만 부딪혀서
물이끼라도 만들어
자꾸만 영글어서
맑은 시냇물 흐를 때에
어린 미꾸라지 몸 비늘 위에 묻어
그와 함께, 대어(大漁)로 크게 자랄 때까지

꽃게 두 마리

바닷가 모래톱에
꽃게 두 마리
아롱다롱 햇빛 받고
재밌게 장난해요

미역 내음
다시마 긴 이파리
조개랑
소라 고동은 아이들이 가지고 놀다가 버렸습니다

아롱다롱 고운 꽃게 두 마리
바닷가 모래톱에서
해 지는 줄 모르고 장난 놀아요
밤하늘엔 어느새 별 총총!!
달님을 거울삼아 꽃게 두 마리
물아래 달 속을 곰곰이 들여다봅니다

꽃게 두 마리,
꽃게 두 마리,
날 새는 줄 모르고…,
바닷가 모래톱에서 잠들어 버렸습니다

같이 음악

내가 나의 님에게
함께 계시자고 애원하자
당신은 내 맘에 피리새 한 마리 두어 놓고
리라를 타며 떠났습니다
다시는 울지 않는 피리새를 말이지요

내 님은 약속도 하십니다
나는 종일 피리새를 바라보며
흥겹게 리라 타는 내 님을 기다리지만
피리새는 울지 않고
가신 님도 돌아오지 아니하셨습니다

아폴론!
리라는 왜 스스로 울지 않나요?
저와 리라는 이미 당신의 섬세하신 손마디 속에서
스스로 우는 법을 배웠고
저는 이렇게 목메어 우는데
리라는 혼자서 당신 곁에 있어
행복하노라,
아마도
당신의 악기 리라는
당신의 연인을 질투했었나 봅니다

사랑하는

나의 아폴론
나는
다프네
당신을
너무나
사랑하여
당신 몸의 일부가 되어 버린
나는 다프네

이 음악의 동산에
버려진 피리새가
죽어도 아니 운다면
당신을 기다리다 지친 저도
목소리를 잃어버린 피리새처럼

이 음악의 동산에
다시 태양이 비치고
꽃들이 활짝 피어나도
피리새가
즐거이
우짖지 못하고
죽어 있듯이,

저도 영영 죽어 있을 것입니다

애인

누가 애인의 말을 믿을 수 있을까요?
애인은 입술에 빨간 립스틱을 발랐는 걸요
그 입술은 진실을 말하지 않는답니다
자신이 이 세상에서 제일 예쁘다고만 말하고
싶어해요
애인은 참으로 예쁘지만 도도합니다
당신이 애인을 부를 때는
당신 가슴에서 진실을 감추세요
그러면 애인은 깜짝 놀라
동그랗고 예쁜 입술로 당신을
정말 사랑한다고 애원할 걸요
왜냐하면 당신의 애인은
당신을 진심으로 사랑하니까요

고독

하고 싶은 말을 꾹 참고 있어서
더욱더 자기 안에 숨어 버리면
내가 아무리 너른 벌판에 서 있어도
나는 작은 방 속에 감금된 수인

아무리 즐거워도
내 말을 들어줄 친구가 없으면
그때도 나는 허허벌판에 홀로 선
인생의 미아

하늘에 먹구름 일고 바람에 나무들이
울부짖으면 내 마음 외로워
나무 아래 쪼그리고 앉지
구름은 비를 내리고 천둥 번개 칠 때
내 마음은 아주 쓸쓸한
인생 나그네

허수아비

허수아비가
있거나 말거나
메뚜기는 뛰어다니고
참새는 날아다녀요

메뚜기와 참새도
세태를 탐인지
꾀가 많아졌어요

허수아비는 정말
할 일이 없어요
참새가 허수아비 머리에 앉아
콕콕 쪼아도 보고
옷소매를 땡겨도 보아도
허수아비는 눈물이 없어요

그러나
허수아비는
생각하지요
태어나지 말 것을
무가치한 인생이여!

만약 허수아비 같은 슬픔을 가진
사람이라면 큰소리로 말하세요
훠――――――이
훠――――――이
나는 곡식을 지키는 허수아비
나는 그리움의 허수아비
나는 시를 쓴다네
훠――――――이
훠――――――이

시냇가의 조약돌

시냇가의 조약돌은 몇 살일까…
저렇게 동글동글 만들어지기까지
시냇물은 졸졸졸 살며시 흘렀겠고
송사리 떼들은 돌멩이 틈새에서
몇 번이나 그들을 어루만져 주었을까

누나 따라 시냇가에 온 돌이는
어서 예쁜 돌멩이 줍고
누나는 빨래 빨고 얼굴 씻고
돌이가 준 돌멩이 가만히
만져본다

시냇가의 조약돌은
얼마나 오래 거기에 살았을까
그동안 송사리도 큰 고기 되어
강으로 강으로 흘러갔겠고
누나도 시집가고,

돌이는 누나 생각에
이 시냇가에 와서 조약돌 주으며
…………
그러면 돌이는 몇 살이 되었을까

꽁지머리 누나는 시집갔는데

시냇가의 조약돌은 몇 살일까
어쩌면 그토록 예쁜 보석을
돌이는 알고 있는지
자꾸만 자꾸만 조약돌을 만지작거리며
시집간 누나를 생각한다

눈물

내가 아가로 태어날 때
나는 아무리 울어도 눈물이 나오지 않았댄다

아마도
그것은 내가 세상을 모르고
게다가 엄마가 누군지도 몰랐기 때문이리라
그러나
나이를 먹을수록
나는 눈물이 많아졌다
한마디 친절한 말씀에도
고마워 눈물 흐르고
한 번의 냉정한 눈길에도 서글피
울었다

내가 세상을 알기 전
나는 엄마를 불렀다
목청껏 불렀다
그러나 엄마는 다른 형제들을 곁에 두고
나를 그녀의 친정집으로 쫓았다
어린 시절 가장 엄마가 그리울 때
나는 응석 한 번 못 부리고 외가댁에서
웃음을 모르는 무의미한 얼굴로 자랐다

그리고
점점 세상을 알게 되고
엄마의 존재를 깨달으며
더욱더 눈물이 많아졌다
엄마—
엄마—
나에게 엄마란 누구인가?
엄마란 무엇인가!

아마도
엄마는
내가 아가로 태어날 때
울어도 눈물이 안 나오니까
화가 났었나 보다

나는
엄마로 인하여 눈물을 배웠다

나는
눈물의 공주
애정의 걸인이 되었다

나비

그니가 사주신
노오란 장미
한다발
화병에
물 담아 꽂아 놓았더니
어데선가
나비 한 마리

고개를
살랑거리며
날아들었죠
내 방이
마치
그의 방이라도
되는 듯,
아주 쉽게

나는 그네들의 장난에
방해될까 봐
한구석으로
물러나와
마치 그의 방에

내가 침입자인 척
숨어 있었어요

나비 한 마리
꽃 속을 들며 날며
장미꽃 향내 그윽한
내 방에
한가득
아름다운
정물 한 폭!

그리고 싶었어요
꽃과 나비 한 마리

그대 그림자

내 맘속에
그대는 꽃으로도 피어나고
그대는 맑은 샘물로도 솟아나고
그대는 흰 파도 속에 부서지는
장밋빛 노을로도 피어난다

그리고
그대는 내가
당신 생각뿐으로 인해
한 마리 학으로 산다 해도
내가 가는 곳
내가 살아가는 방식조차
그대는 나와 동행하고 싶은
그대는 나의 친구,

꿈속에서 그대는
나의 심장으로 살아 있다
나와 그대가 같은 마음으로
똑같은 꿈을 꾸게 되고
우리가 깊은 꿈속에서 사랑에 빠지면
그대는 또한
나의 넋으로 살아난다

그대는,
그대는
나의 그림자…

집

궁궐같이 큰 집이 아니어도 좋다
세련된 네모난 현대식 아파트가 아니어도 좋다
내가 살고 있는 이 사색의 동굴에는
그 옛날 토끼 노루 좇던
내 님이 계시고
나는 어진 아내
내 님 함께 이 동굴 속에서
꿈을 키운다

나의 집
사색의 동굴에는
메아리도 살아
내 님에게 들려 드리는
나의 고운 노래
메아리 되어
하늘로 울려 퍼진다

밤이면,
별무리
여름날의 로망스를 노래 부르고
별 떨기 속에
내 님과 나의 모습도

다정히 박혀 있으리니
나의 집 사색의 동굴에
잠시 등불이 꺼지면
나는 님과 함께
하늘의 별이 된다

망가진 꽃

— Charles Belle의 그림 〈Dut printemps vibrant〉를 보고

꽃송이는
비에 젖어—,
어느 새가 날아와
꽃잎에 고인 물
방울방울 쪼아리다
찢어진 꽃잎

비 갠 지금도
수심에 겨워
고개 숙인 꽃망울
뚜욱 뚝 떨어지는 눈물
파르르 떨고 있는 가는 대공
가시조차 없는 너는
헐벗은 몸
거센 바람에
가눌 길 없어라
오—오!
노오란 아픔이여

내 꽃은 망가진 꽃,
어느 성난 손이
비에 젖어 떨고 있는

네 몸 위에
마부의 채찍을
마구 휘둘렀나

✻ 수 필 ✻

감자의 꿈

내 꿈은 노벨문학상,
나는 노벨문학상을 꿈꾸지만
노력하지 않는다면
나는 구제받지 못한다

나는 나의 그림자와 사각의 링에서 결투한다

꿈 따라 20여 년, 하늘에 북극성이 제자리를 잃어버릴 수는 있을지라도 내 꿈은 변하지 않는다

내가 처한 현실에서 운명을 극복하고, 쓰러지지 않으려는 안간힘이 나를 꿈꾸게 하였고 그 수많은 언어 중에서 유독 어리석은 말 몇 개를 골라 내 마음에 밭을 갈고 씨를 뿌렸다

씨눈 감자를 심어 감자에서 싹이 나고 잎이 나고 그리고 열매(열매라고 해두자) 맺고… 호미로 더듬어 밭을 일구어 보면 조랑조랑 주렁주렁, 주저리주저리 뿌리에 매달려 호밋 새로 헤집고 얼굴 내민다 비로소 해는 보는 것이다

작은 씨감자가 꿈으로 사랑으로 노력으로 가꾸어 주면 얼마나 귀엽고 사랑스런 모습이냐

그 작은 씨감자 조각에서 엄청난 감자알들이 만들어져 나오는 것은 굳이 감자뿐만이 아니리라

글쎄, 나는 감자가 참 신기하다

만약 내가 글을 지을 줄 몰랐더라면
나는 아마 감자를 키우거나 포도나무를 가꾸고 싶어 했을 것이다
인간이기 때문에 운명이 있는 것이 아니다
인간이기 때문에 운명을 극복하려 노력할 수 있다고 생각하지도 말라
저 흙 속의 감자 알갱이들도 저마다 크고 좋은 알갱이들이 되기 위하여 땅속에서 일정 기간 꿈꾸며 싸우며 기다려 왔을 것이다
그리고 드디어 해를 만났다
그리고 우리들의 맛있는 감자가 되어 먹어지고
또 사라지는 것…
한 사람, 한 사람, 한 사람… 우리들의 인생 역정도 마찬가지라 생각된다
나도 해를 만나고 싶다
나도 지금 저 땅속의 꿈틀대는 감자알처럼
내 마음속에 큰 감자가 되고 싶어 꿈틀대는 마그마가 끓고 있다

| 시작 노트 |

누군가의 도움을 기다리며(시를 영작하여 외국으로 보내고 싶다).

몬탈레처럼

그는 이태리의 시인
그는 즉흥시인
그는 가난뱅이
그는 홀로였다네
그는 아무에게도 인정받지 못한
그는 무명의 시인이었다네
그런데 그가 노벨문학상을 탔다네

몬탈레처럼
나는 한국의 작은 거인
나는 즉흥시인
나는 가난뱅이 그리고
나는, 나는 외로웠다네
나도 이름 없는 시인
철없는 소녀
그런데 나는
꿈이 크다네
몬탈레처럼

사랑의 종이 되리

이독밀 시
이안삼 곡

♩= 78 애절하게

12
mf
f
면 내 님 의 빛 나 는 눈 동 자 에
면 내 님 의 빛 나 는 눈 동 자 에
15
언 뜻 어 린 한 방 울 눈 물 되 리 내 님 의 옷 깃 을 스 치 고
언 뜻 어 린 한 방 울 눈 물 되 리 내 님 의 옷 깃 을 스 치 고
19
mp
mf
지 나 가 는 부 드 런 바 람 되 리 내 님 의 가 슴 속 에 울 려 퍼 지 는
지 나 가 는 부 드 런 바 람 되 리 내 님 의 가 슴 속 에 울 려 퍼 지 는

23
사 랑 의 종 이 되 리
사 랑 의 종 이 되 리
26
29
ff
아 내 님 은 날 아 시 려
아 내_님 은 날 아 시 려

fff
a tempo
나 눈 물 방 울 떨 어 지 고 바 람 되 어 사 라 지 는 나 아
나 가 만 히 맴 도 는 종 소 리 울
시 려 나 나
림 되 리 라 라

문학세계대표작가선 813

콩 *Pea*

이독밀 시선집

인쇄 1판 1쇄 2017년 4월 21일
발행 1판 1쇄 2017년 4월 28일

지 은 이 : 이독밀
펴 낸 이 : 김천우
펴 낸 곳 : 도서출판 천우
등 록 : 1992. 2. 15. 제1-1307호
주 소 : 서울시 성동구 무학봉28길 6 금용빌딩 2F
전 화 : 02)2298-7661
팩 스 : 02)2298-7665
http://www.moonhaknet.com
E-mail : chunwo@hanmail.net

값 12,000원

ISBN 978-89-7954-674-3

이 도서의 국립중앙도서관 출판예정도서목록(CIP)은 서지정보유통지원시스템 홈페이지(http://seoji.nl.go.kr)와 국가자료공동목록시스템(http://www.nl.go.kr/kolisnet)에서 이용하실 수 있습니다. (CIP제어번호: CIP2017010009)